L'IMPÉRATRICE

ET

L'ENQUÊTE SUR LE 4 SEPTEMBRE

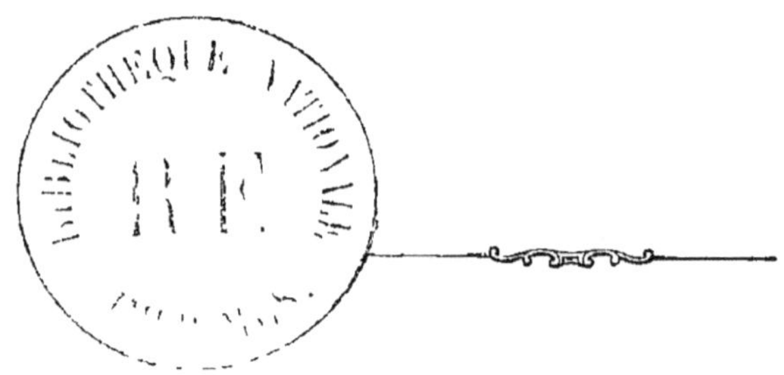

PARIS

E. LACHAUD, ÉDITEUR

4, PLACE DU THÉATRE-FRANÇAIS, 4.

—

1873

AVANT-PROPOS

L'Assemblée nationale vient de publier le second volume de l'enquête parlementaire sur les actes du gouvernement de la défense nationale.

Le public y trouvera de précieux éléments d'information qui lui permettront de faire un nouveau pas dans la voie des révélations où il est entré dès qu'il a pu prendre connaissance des divers documents soumis déjà à l'Assemblée.

La conscience publique a un impérieux besoin de justice et de lumière; elle veut fixer à chacun sa part de responsabilité.

Celle de l'Empereur est faite! il a été étranger à la marche sur Sedan, et il n'est intervenu à un moment suprême que pour sauver de la mort 80,000 hommes.

On le sait aujourd'hui, et le premier qui l'ait hautement et courageusement déclaré, c'est M. le maréchal de Mac-Mahon.

La conduite de l'Impératrice Eugénie comme régente n'a été encore qu'imparfaitement connue; il faut également qu'en ce qui la concerne, la lumière se fasse et qu'on la juge.

Est-elle responsable de la guerre?

A-t-elle sacrifié les intérêts de la France à ceux de la dynastie, lorsque ces deux intérêts étaient en jeu?

A-t-elle été au-dessous de la mission qui lui avait été confiée?

A-t-elle abandonné son poste au moment du danger?

A toutes ces questions nous nous proposons de répondre, et pour mettre en plein jour des détails jusqu'ici ignorés, nous consulterons ce second volume sur l'enquête que l'Assemblée vient de livrer à la publicité.

Ce sont les ennemis de l'empire qui se chargent de sa réhabilitation : la tâche de ceux qui sont restés fidèles au malheur et confiants dans l'impartialité de l'histoire et la justice de Dieu, consiste à écouter et à recueillir.

L'IMPÉRATRICE

ET

L'ENQUÊTE SUR LE 4 SEPTEMBRE

I

On a prétendu que l'Impératrice avait insisté très-vivement pour que le gouvernement impérial ne se contentât pas des satisfactions dérisoires que semblait lui offrir la Prusse et pour que la guerre fût déclarée; mais on n'a pu citer aucun fait, aucune conversation digne de foi, aucun écrit à l'appui de cette assertion. Nous avons donc le droit de la contester et de considérer comme purement gratuites des imputations qui ne reposent sur aucune base sérieuse (1).

Depuis le 2 janvier 1870, date du retour au régime parlementaire et de l'avènement d'un ministère responsable sous la présidence de M. Émile Ollivier, l'Impératrice s'est com-

---

(1) M. Thiers, dans sa déposition devant la commission d'enquête sur les actes du gouvernement de la défense nationale, attribue ce propos à l'Impératrice : « Mon fils ne régnera pas si l'on ne répare pas le malheur de Sadowa. » Mais il ne peut dire à quelle occasion et devant quelles personnes ces paroles auraient été prononcées.

plétement tenue à l'écart, elle a cessé d'assister aux délibérations du Conseil des ministres; son influence a été nulle, et ne peut assurément être comparée à celle qu'avaient prise certains hommes qui, jusqu'alors, avaient manifesté les sentiments les plus hostiles à l'Empire.

La déclaration de guerre a pu être, dans la forme, une imprudence, mais, en fait, elle ne fut que la conséquence logique et fatale d'abord de la guerre de 1866, et ensuite des passions que, dans un intérêt de parti, surent exciter et exploiter les membres de l'opposition au Corps législatif.

La responsabilité de la défaite incombe, pour une part, à l'administration imprévoyante de la guerre et, pour une part beaucoup plus considérable, aux députés de la gauche, qui, lorsque fut discutée la loi de réorganisation de l'armée, influencèrent assez la majorité pour l'amener à refuser au Gouvernement les moyens de lutter contre la Prusse et à ne tenir aucun compte des sollicitations pressantes de M. le maréchal Niel.

Tout cela a été dit, répété, prouvé. Ce qu'on n'a pu prouver, c'est que l'Impératrice ait fait un acte, prononcé une parole engageant à un degré quelconque sa responsabilité dans ces lamentables événements.

Nous sommes autorisé, au contraire, à croire que, tandis qu'à Paris on chantait la *Marseillaise*, qu'on criait : *à Berlin!* et qu'on lisait avec des transports de joie et d'enthousiasme les belliqueux articles de MM. de Girardin, Pessard, Vrignault, About et tant d'autres, aujourd'hui familiers du Président de la République, l'Impératrice était à Saint-Cloud, en proie aux plus vives inquiétudes, au plus amer souci! Elle songeait à son époux, qu'elle savait atteint d'une cruelle maladie, et qui allait affronter des dangers et des fatigues auxquels sa santé, déjà menacée, ne résisterait peut-être pas; elle voyait avec douleur s'approcher l'heure où elle se séparerait d'un fils bien-aimé que le devoir allait enlever à sa tendresse et à ses soins.

Tous ceux qui l'ont approchée dans ces circonstances douloureuses n'ont conservé d'autre souvenir que celui de son anxiété et des larmes qu'elle versait.

Les Prussiens ont trouvé à Saint-Cloud une lettre que les journaux allemands ont publiée, et qui témoigne des préoccupations qui assiégeaient le cœur de la mère.

Cette lettre était adressée par l'Impératrice à la comtesse de Montijo, sa mère, et était ainsi conçue :

« Louis partira dans quelques jours pour l'armée avec son
« père, et je désire que vous lui envoyiez votre bénédiction
« avant son départ. Ne vous tourmentez pas; il faut qu'il
« fasse son devoir et honneur à son nom.

« Eugénie. »

L'Empereur et le Prince Impérial partirent le 24 juillet; l'Impératrice les accompagna à la grille du parc de Saint-Cloud. Jusqu'au dernier moment, la noble femme ne cessa de donner à son fils des conseils de courage et d'honneur; elle dévora ses larmes pour que le souvenir du désespoir maternel ne pût attiédir, dans le cœur de l'enfant, les sentiments virils qu'elle y avait déposés; elle voulait qu'il fût bien pénétré de ce qu'il devait à son nom et à sa situation; elle lui donnait l'exemple de la résignation et de la force.

Mais lorsque le dernier adieu fut dit et le dernier baiser donné, elle ne put maîtriser son chagrin, et ceux qui l'entouraient furent frappés de noirs pressentiments qu'elle ne leur put dissimuler.

Hélas! les souverains n'ont le loisir de pleurer ni d'aimer! L'Impératrice était régente; elle se mit résolûment à l'œuvre, et commença à gravir ce nouveau Calvaire, qui devait aboutir à une des plus grandes infortunes dont l'histoire fasse mention.

Les débuts de la campagne ne faisaient cependant pas prévoir le terrible dénoûment. On écrivait chaque jour de l'armée que la présence du jeune Prince, son attitude énergique et calme charmaient les troupes. Il était plein d'entrain, d'espérances, s'identifiait avec la vie du soldat et écoutait sans pâlir le bruit du canon.

Le cœur de l'auguste mère était gonflé d'un légitime orgueil, et elle relisait ces consolants récits pendant qu'elle présidait avec activité à l'organisation des ambulances dont elle surveillait elle-même tous les détails, et qu'elle s'occupait sans relâche des affaires de l'État.

Puis un jour, le 6 août, une dépêche est apportée : l'armée française a été défaite dans deux batailles! Les Prussiens s'avancent!... La consternation est partout.

II

C'est à partir de ce moment que l'Impératrice va se trouver aux prises avec des difficultés inouïes. On savait qu'elle était vertueuse et belle, que la calomnie n'avait pu même effleurer cette existence respectée; on savait qu'elle était charitable et courageuse; on l'avait vue répandre des aumônes, secourir des misères, affronter le contact des pestiférés et braver les assassins qui, sur les marches de l'Opéra, jetaient la consternation et la mort.

Mais nul ne savait ce dont elle serait capable le jour où, seule, elle serait chargée des destinées politiques de son pays.

L'Enquête va nous montrer ce que renfermait de patriotisme, d'abnégation et d'intelligence cette vaillante et grande âme française.

Ce ministère, qu'elle n'avait pas désiré, était discrédité et affolé et ne pouvait lui prêter ni secours ni lumières. Il fallut convoquer les Chambres, et elle adressa une proclamation à cette population parisienne exaspérée, qui déjà prononçait le fameux *væ victis!* avec le même élan qu'un mois auparavant elle chantait victoire.

L'Impératrice espérait qu'en présence d'un désastre national, l'opposition saurait faire taire ses ressentiments et ne songerait qu'à seconder les efforts d'une femme résolue à tout tenter pour le salut commun. Ce fut là sa seule erreur.

L'opposition ne s'inquiéta ni de l'honneur en péril, ni de la patrie en détresse; elle ne vit dans la défaite qu'une occasion de satisfaire ses haines et de s'emparer de la France pour l'étrangler et la dévaliser.

Le ministère Ollivier fut sacrifié. L'Impératrice comprit que la direction des affaires devait être confiée non à un avocat, mais à un soldat laissé injustement de côté au moment de la formation de l'armée de guerre, et qui pourtant avait, en Chine, fait preuve du plus haut mérite comme administrateur, comme stratégiste et comme homme politique.

Elle chargea le général comte de Palikao de composer un cabinet, et le 10 août celui-ci put grouper autour de lui les hommes éminents auxquels le pays doit une éternelle reconnaissance, car en vingt-quatre jours ils accomplirent les prodiges d'activité, de talents, de dévouement grâce auxquels Paris fut armé et approvisionné et put tenir longtemps les Prussiens en échec, malgré l'impéritie et les dilapidations de ceux qui vinrent après.

Nous ne voulons pas exalter le rôle de la régente pendant ce mois d'août; on pourrait nous accuser de tracer un tableau imaginaire, si nous la montrions aussi infatigable, aussi dévouée au bien, aussi résignée et grande dans le malheur qu'elle l'a été; l'enquête qui vient d'être faite par l'Assemblée nationale nous fournit des détails qui mettent mieux en relief les rares facultés d'esprit et de cœur dont est douée l'Impératrice tous, que les récits auxquels nous pourrions nous livrer.

Il nous suffira de rappeler la déposition de M. le baron Jérome David, les déclarations de MM. Jules Brame et Daru, dont l'indépendance ne peut être suspectée et de transcrire le témoignage de M. Buffet, aujourd'hui Président de l'Assemblée, pour avoir des renseignements précis, authentiques et complets.

Le 3 septembre, dès le matin, les bruits les plus sinistres circulaient dans Paris; déjà des renseignements publiés par l'agence Havas ne laissaient aucuns doutes sur une défaite, mais on n'en pouvait mesurer l'étendue.

Ces impressions se traduisent dans les discours prononcés par le comte de Palikao au Corps législatif et par le baron Jérôme David au Sénat.

A six heures le Conseil des ministres fut convoqué aux Tuileries, aucune dépêche officielle ne lui était encore parvenue, mais on pressentait un grand malheur ; tous les cœurs étaient oppressés, et on échangait des regards remplis d'angoisses et d'amertume !

Tout à coup la porte s'ouvrit et l'Impératrice parut. Ses traits étaient altérés, sa pâleur était extrême, son œil fixe et énergique allait de l'un à l'autre, interrogeant les physionomies pour savoir si ceux qui étaient en sa présence étaient de taille à supporter le fardeau du malheur qui allait frapper la France.

« Asseyez-vous, messieurs, dit-elle, j'ai de graves nouvelles
« à vous annoncer. La Providence ne nous ménage pas les
« épreuves, notre armée n'est pas seulement vaincue, l'Empe-
« reur est prisonnier. Le roi de Prusse avait déclaré qu'il
« faisait la guerre non à la France, mais à l'Empire, l'Empe-
« reur s'est livré espérant ainsi obtenir des conditions meil-
« leures pour l'armée; du reste, il n'a pas engagé les négocia-
« tions qui peuvent s'ouvrir avec l'ennemi.

Ces paroles furent dites d'un accent bref; on sentait qu'un combat terrible se livrait dans cette âme si ulcérée. Puis la nature prenant le dessus, elle s'écria en fondant en larmes :

Pauvre France!!! l'Empereur qu'il doit souffrir! Et mon fils qu'est-il devenu !!

Cette scène déchirante avait terrifié tous les cœurs. Le malheur national, la douleur navrante de cette souveraine, de cette épouse, de cette mère étaient bien de nature à anéantir les énergies les mieux trempées.

L'Impératrice se releva : Pardonnez-moi, messieurs, dit-elle, je n'ai pas été maîtresse de moi, mais il ne s'agit pas de moi, il s'agit désormais de la France et il faut faire face, sans perdre un instant, aux nécessités du moment ; elle appela alors chaque membre du cabinet à émettre son avis sur les mesures à prendre.

M. Schneider assistait à cette séance et fut un des premiers à donner son opinion qui avait une importance décisive en raison de ses fonctions de Président du Corps législatif; il fut *unanimement* décidé que la Chambre ne serait réunie que le lendemain matin, mais que dans la soirée une proclamation signée de tous les ministres serait adressée au peuple de Paris. Seulement, comme une grande agitation commençait à régner dans la ville le Conseil voulut connaître les intentions de l'Impératrice sur ce qu'il fallait faire dans l'intérêt de sa sécurité, car il n'était pas impossible que les Tuileries fussent menacées dans la nuit. L'Impératrice répondit qu'il fallait donner l'ordre à la troupe de ne pas tirer sur le peuple, qu'elle ne voulait à aucun prix qu'une goutte de sang français fût versée pour la conservation de ses jours (1) ; elle ajouta même cette phrase :

« S'il restait un dernier bataillon disponible, ce ne serait

____

(1). Déposition de M. le baron Jérôme David devant la Commission d'enquête.

« pas devant l'émeute, mais en face de l'ennemi qu'il faudrait
« l'envoyer (1). »

Les ministres se séparèrent et ne se retrouvèrent ensemble
qu'à la séance de nuit. La plupart d'entre eux n'avaient pas
reçu de lettre de convocation du Président qui, cédant aux
instances de plusieurs députés prit sur lui de réunir le Corps
législatif sans avoir même consulté le Gouvernement.

La perplexité des ministres était très-grande et se comprend
facilement ; d'une part, cette réunion les prenait à l'improviste
et sans qu'ils eussent pu asseoir leurs résolutions ; d'autre
part, l'Impératrice avait exprimé en termes si formels sa
volonté de ne pas engager la lutte avec la population sur le
point de s'insurger, qu'ils ne pouvaient employer les moyens
de rigueur seuls efficaces en pareilles circonstances

On sait qu'une demande d'ajournement de toute discussion
au lendemain fut présentée par le cabinet, et que la proposition de déchéance déposée par M. Jules Favre fut le seul
incident de cette séance à l'issue de laquelle les différents
partis représentés à la Chambre se réunirent ; les uns rue de
la Sourdière, organisèrent un complot pour envahir le lendemain le Corps législatif, (c'est du moins un fait qui paraît
avéré aujourd'hui); les autres animés de sentiments plus
patriotiques cherchèrent à faire face aux nécessités du moment
sans usurper et sans violer leur serment.

Parmi ces derniers se trouvait M. Buffet ; après bien des
discussions et des hésitations, il fut convenu qu'il se rendrait
auprès de l'Impératrice avec MM. Daru, Dupuy de Lôme,
Kolb-Bernard, Genton, de Pierres, et que, se faisant l'inter-
prète de quelques membres du centre gauche, il lui conseil-
lerait de remettre au Corps législatif l'exercice du pouvoir
exécutif en l'invitant à constituer une commission de gouvernement, se réservant de consulter la nation dès que cela
serait possible.

(1). Déposition de M. Jules Brame devant la Commission d'enquête.

M. Buffet remplit sa mission le dimanche matin, 4 septembre, à midi.

Devant la commission d'enquête, il fait le récit de son entrevue avec l'Impératrice dans des termes si saisissants, que nous copions dans sa déposition toute la partie qni s'y rapporte :

L'Impératrice, dit-il, écouta avec beaucoup de calme et de dignité les observations que je lui présentai, ainsi que plusieurs de mes collègues, et nous répondit :

« Ce que vous me proposez, Messieurs, réserve dites-vous l'avenir, « mais à la condition que j'abandonne dans le présent et à l'heure « du plus grand péril le poste qui m'a été confié. Je ne le puis, je ne « doit pas y consentir. »

« Les souvenirs de M. le comte Daru doivent être d'accord avec les miens.

« *M. le comte Daru.* — Parfaitement d'accord. Veuillez continuer.

M. Buffet. — « L'avenir, continue l'Impératrice, est aujourd'hui « ce qui me préoccupe le moins ; non pas assurément l'avenir de la « France, mais l'avenir de notre dynastie. Croyez-moi, Messieurs, « les épreuves que je viens de subir ont été tellement douloureuses, « tellement horribles, que, dans ce moment, la pensée de conserver « cette couronne à l'Empereur et à mon fils me touche très-peu, « Mon unique souci, ma seule ambition, est de remplir dans toute « leur étendue les devoirs qui me sont imposés.

« Si vous croyez, si le Corps législatif croit que je suis un obstacle, « que le nom de l'Empereur soit un obstacle et non une force pour « dominer la situation et organiser la résistance, que l'on prononce « la déchéance, je ne me plaindrai pas. Je pourrai quitter mon poste « avec honneur ; je ne l'aurai pas déserté. Mais je suis convaincue « que la seule conduite sensée, patriotique, pour les représentants « du pays serait de se serrer autour de mon gouvernement, de lais- « ser de côté, quant à présent, toutes les questions intérieures, et « d'unir étroitement nos efforts pour repousser l'invasion.

« Quant à moi, je suis prête à affronter tous les dangers et à suivre « le Corps législatif partout où il voudra organiser la résistance.

« Si cette résistance était reconnue impossible, je crois que je se- « rais encore utile pour obtenir des conditions de paix moins défa- « vorables.

« Hier, le représentant d'une grande puissance m'a offert de pro-
« poser une médiation des Etats neutres sur ces deux bases :
« intégrité du territoire de la France, et maintien de la dynastie
« impériale (1).

« J'ai répondu que j'étais disposée à accepter une médiation sur le
« premier point ; mais je l'ai énergiquement repoussée sur le second.

« Le maintien de la dynastie est une question qui ne regarde que
« le pays, et je ne souffrirai jamais que des puissances étrangères in-
« terviennent dans nos arrangements intérieurs. »

M. le comte Daru, président de la Commission. — « Ce récit est
très-exact et, après avoir dit comme vous venez de le rappeler, que si
le nom de l'Empereur et le sien paraissaient un obstacle, au lieu
d'être une force, elle préférerait la déchéance au projet qu'on lui
soumettait parce qu'au moins elle ne paraîtrait pas déserter son poste,
elle termina ainsi :

« Dans le cas où l'on jugerait que la conservation du pouvoir entre
« mes mains est un obstacle à l'union de tous les Français et à l'inté-
« rêt de la défense, croyez-vous, Messieurs, que ce serait une préten-
« tion trop grande de la part d'une femme volontairement descendue
« du trône, que de demander à la Chambre l'autorisation de rester
« à Paris, dans telle résidence que l'on voudrait bien lui assigner,
« pourvu qu'il lui fût donné de partager les souffrances, les périls et
« les angoisses de la capitale assiégée. »

Après avoir cité ces paroles, que nous reproduisons tex-
tuellement, M. Buffet raconte que l'Impératrice consentit à
accepter la proposition qu'il lui faisait ; mais comme elle ne
perdait pas de vue les obligations que lui imposait la Consti-
tution, elle le chargea d'en référer au ministère, laissant celui-ci libre de prendre telle décision qui lui paraîtrait la plus
conforme aux intérêts du pays.

---

(1) Cette phrase est évidemment une allusion aux dépêches que M. Jules Favre trouva, dit-on, le 5 septembre sur le bureau de M. le prince
de la Tour-d'Auvergne. On ne sait pas encore ce que sont devenues ces
dépêches qui ont disparu ; mais M. Jules Favre s'imaginant, dans sa
niaise outrecuidance qu'il pourrait tirer parti des propositions bienveil-
lantes qu'elles contenaient, rédigea sa trop célèbre circulaire : **pas une
pierre... pas un pouce.**

M. Buffet et ses collègues quittèrent les Tuileries profondément émus et se rendirent au Corps législatif.

La séance finissait ; on se réunissait dans les bureaux pour l'examen des propositions déposées par MM. Jules Favre et Thiers.

Quelques minutes après, l'enceinte de la représentation nation nationale était envahie...

III

Pendant que cette violation s'accomplissait, l'Impératrice était aux Tuileries, non pas abandonnée comme on l'a dit, mais entourée de ses amis, des officiers de sa maison et de quelques-uns de ses ministres, qui, voyant le danger plus menaçant de minute en minute, étaient accourus pour la protéger.

Le général Trochu avait juré sur son honneur de catholique, de Breton et de soldat, de mourir pour le salut de la dynastie et pour la défense du Corps législatif ; mais il ne se montrait pas plus aux Tuileries qu'au Palais-Bourbon.

L'Impératrice, qui n'avait jamais été dupe de ses serments, et qui, dès le premier jour, avait deviné ce personnage de triste mémoire, n'attendait rien de lui. Elle était calme au milieu de la tourmente et répétait à ceux qui la pressaient de se dérober à un massacre certain, qu'elle n'avait pas plus le droit d'abandonner son poste qu'un commandant de vaisseau n'a celui de quitter son bâtiment quand la tempête va l'engloutir.

Cependant une foule ivre de fureur cernait le château ; les grilles étaient arrachées ; des cris de mort se faisaient entendre. Le calme et la douce résignation de la souveraine ne se démentaient pas ; elle continuait à résister aux supplications de son entourage.

« Eh bien, madame, s'écria un de ses officiers, nous mour-
« rons ensemble, mais du moins nous vous défendrons
« jusqu'à la dernière extrémité ! »

Abandonnée par le général qui devait la défendre et qui seul avait le commandement des troupes, l'Impératrice qui conservait toute sa lucidité d'esprit comprit qu'une lutte inégale allait s'engager entre la petite troupe d'agents de police et de gardes de Paris que le dévouement de M. Piétri avait pu réunir, et les bandes armées et furieuses qui commençaient à se répandre dans le Palais. Elle vit l'existence de ses amis en péril, leur résistance allait amener l'effusion de ce sang français qu'à aucun prix elle ne voulait verser. Cette perspective ébranla sa résolution.

Elle céda aux instances dont elle était l'objet et c'est, conduite par le Prince de Metternich et le chevalier Nigra, et accompagnée de Madame Lebreton-Bourbaki qu'elle quitta les Tuileries.

Mais elle ne voulut pas qu'on pût dire qu'elle avait fui sous une protection étrangère. Elle congédia les deux ambassadeurs, et seule avec Madame Lebreton, elle entreprit ce voyage semé de périls sans nombre et au terme duquel elle trouva la sympathique et généreuse hospitalité de l'Angleterre.

Mais aussi l'exil, les larmes, le deuil !

260. — Boulogne (Seine.) — Imp. JULES BOYER et Cᵉ.